AF249564

THÈSE

PRÉSENTÉE

A LA FACULTÉ DES SCIENCES

DE L'UNIVERSITÉ DE GENÈVE

POUR OBTENIR

LE GRADE DE DOCTEUR ÈS SCIENCES PHYSIQUES,

PAR

Mlle Ida **WELT**.

CONTRIBUTION A L'ÉTUDE

DES

DÉRIVÉS AMYLIQUES ACTIFS.

PARIS,

GAUTHIER-VILLARS ET FILS, IMPRIMEURS-LIBRAIRES

DU BUREAU DES LONGITUDES, DE L'ÉCOLE POLYTECHNIQUE,

Quai des Grands-Augustins, 55.

1895

THÈSE

PRÉSENTÉE

A LA FACULTÉ DES SCIENCES

DE L'UNIVERSITÉ DE GENÈVE

POUR OBTENIR

LE GRADE DE DOCTEUR ÈS SCIENCES PHYSIQUES,

PAR

Mlle Ida WELT.

CONTRIBUTION A L'ÉTUDE

DES

DÉRIVÉS AMYLIQUES ACTIFS.

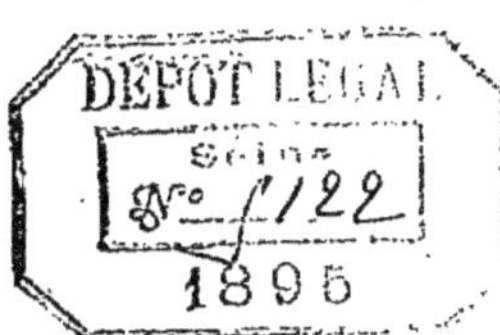

PARIS,

GAUTHIER-VILLARS ET FILS, IMPRIMEURS-LIBRAIRES

DU BUREAU DES LONGITUDES, DE L'ÉCOLE POLYTECHNIQUE,

Quai des Grands-Augustins, 55.

1895

La Faculté des Sciences autorise l'impression de la présente Thèse, sans exprimer d'opinion sur les propositions qui y sont contenues.

Genève, le 17 avril 1895.

Le Doyen,

G. OLTRAMARE.

DEDICATED

TO

MY DEAR BROTHER LOUIS.

CONTRIBUTION A L'ÉTUDE

DES

DÉRIVÉS AMYLIQUES ACTIFS.

INTRODUCTION.

Les recherches qui font l'objet de ce Mémoire avaient pour but de compléter les données relatives aux dérivés amyliques actifs. Ces corps ont déjà fait l'objet de nombreuses recherches; mais les diverses observations polarimétriques qui ont été consignées jusqu'à présent n'étaient pas comparables entre elles, l'alcool amylique employé n'ayant pas toujours le même degré d'activité, et étant souvent même très peu actif.

Les seules observations effectuées au moyen d'un alcool actif sont celles de M. Le Bel ([1]) et de M. Plimpton ([2]). Plus récemment, l'étude des dérivés amyliques actifs a été entreprise au moyen d'un alcool très actif, préparé par la maison G. Claudon à Paris, d'abord par MM. Guye, Chavanne et Gautier ([3]), puis, récemment, par M. Walden ([4]).

Le travail que j'ai entrepris, sur le conseil de M. le professeur Guye, avait pour point de départ le même alcool

([1]) *Bull. Soc. Chim.* (2), t. XXI, p. 542.
([2]) *Chem. Soc.*, t. XXXIX, p. 332.
([3]) *Comptes rendus*, 1893, 1894, 1895.
([4]) *Zeitschrift f. Phys. Chem.*

Claudon de pouvoir rotatoire $[\alpha]_D = -4,4$. Les résultats que j'ai obtenus sont donc comparables avec ceux qui sont consignés dans ces derniers Mémoires.

Le principal but que j'avais en vue était surtout la vérification expérimentale de quelques-unes des conséquences de la formule du produit d'asymétrie, ce qui m'a amenée à étudier les trois séries de dérivés amyliques suivantes :

1. *Les hydrocarbures amyliques.* — Ils ont été obtenus par la méthode de Wurtz; jusqu'à présent, l'existence d'un maximum de pouvoir rotatoire dans une série homologue n'a été observée que sur des composés oxygénés. On pouvait donc se demander si ce maximum est en relation avec la fonction oxygénée; les hydrocarbures amyliques $\genfrac{}{}{0pt}{}{CH^3}{C^2H^5}\Big\rangle CH - CH^2R$ permettaient de soumettre cette question à un contrôle intéressant. On verra plus loin que les résultats de mes recherches confirment celles exécutées antérieurement par MM. Guye, Chavanne, Frankland et Mac Gregor. L'existence d'un maximum de pouvoir rotatoire, dans une série homologue de corps actifs, est indépendante de la fonction oxygénée.

2. *Les dérivés de l'acide amylacétique actif.* — L'existence de ce maximum de pouvoir rotatoire dans une série homologue n'est cependant pas un fait théoriquement nécessaire; il se peut, en effet, que les pouvoirs rotatoires de corps homologues soient tous décroissants. On verra plus loin que tel doit être le cas des éthers de l'acide amylacétique, si l'on se place au point de vue des conséquences de la formule du produit d'asymétrie. Mes expériences m'ont conduite aussi à la confirmation de cette déduction théorique. En outre, la préparation de l'acide amylacétique m'a donné l'occasion de préparer et d'étudier quelques dérivés amyliques actifs nouveaux qui sont décrits dans cette seconde Partie de mon travail.

3. *Les oxydes d'amyle à radicaux aromatiques.* —
MM. Guye et Chavanne ([1]) ont décrit une série d'éthers-
sels de l'alcool amylique qui se distinguent par un très
faible pouvoir rotatoire. Il était dès lors intéressant de
rechercher si les éthers à radicaux aromatiques accusaient
le même caractère. Cette question, impossible à résoudre
par la théorie, m'a paru cependant devoir être étudiée. Si
l'on ne peut encore aujourd'hui en tirer des conclusions
générales, les résultats que j'ai consignés dans ce travail,
comparés à ceux qui seront obtenus à la suite d'études ulté-
rieures, pourront peut-être avoir un jour quelque utilité.
A défaut de conclusions générales, ces recherches m'ont
donné l'occasion de faire quelques remarques sur les pouvoirs rotatoires des corps dérivés des séries ortho, méta et
para ([2]).

Avant de relater mes expériences, je crois bien faire de
donner quelques explications sur la manière dont ont été
exécutées les diverses mesures relatives aux corps que j'ai
préparés.

Les mesures polarimétriques ont été effectuées au moyen
d'un excellent polarimètre à pénombre, système Lippich,
permettant d'apprécier avec exactitude $0°,01$ à $0°,02$; la
plupart des mesures ont été faites au moyen d'un tube polarimétrique de 5^{cm} de longueur, quelques-unes seulement
avec un tube de 1^{cm} de longueur.

Pour contrôler la pureté des corps que j'ai préparés,
j'ai déterminé, pour la plupart d'entre eux, la réfraction
moléculaire, et j'ai toujours comparé les résultats fournis

([1]) *Comptes rendus*, t. CXIX, p. 906, et t. CXX, p. 452.

([2]) J'ai essayé, en outre, de préparer les dérivés amyliques répondant aux formules

$$AO.CH^2.COOR \quad \text{et} \quad R.O.CH^2.COOA;$$

malheureusement, les rendements sont si mauvais que j'ai dû renon-
cer, après un long travail, à poursuivre cette étude.

par l'expérience à ceux indiqués par le calcul ; ces derniers
ont été obtenus au moyen des réfractions atomiques consignées dans l'*Agenda du Chimiste* (édition de 1895).

Volumes moléculaires et poids moléculaires.

Il était intéressant de savoir si les dérivés amyliques que
j'ai préparés sont formés, à l'état liquide, de molécules
simples ou complexes. Dans ce but, j'ai fait usage de la
formule indiquée récemment par M. Traube [1], d'après
laquelle on peut calculer le volume moléculaire apparent
à 15° au moyen de coefficients atomiques. On sait que, si
le poids moléculaire est normal, la valeur de $\frac{M}{d}$, calculée
a priori [2], concorde avec la valeur expérimentale à 3
ou 4 unités près : si le poids moléculaire doit être doublé,
ou divisé par 2, l'écart entre les valeurs observées et calculées est de 13 unités environ en plus ou en moins.
Voici les résultats de cette comparaison, qui a été faite
pour la plupart des corps décrits dans ce Mémoire, à l'ex-
ception de l'éthylamyle, dont l'échantillon que j'ai étudié
contenait trop d'iodure d'éthyle pour se prêter à cette
vérification.

---

[1] TRAUBE, *Ber. d. D. Ch. Gesell.*, t. XXVIII, p. 410.

[2] D'après M. Traube, la valeur de $\frac{M}{d}$, calculée *a priori*, est donnée
par la formule

$$\text{vol. mol.} = (m \times 10) + (n \times 3,05) + (p \times 1) + (q \times 4) + (r \times 6) + K,$$

dans laquelle la constante $K = 25,7$ pour les combinaisons de la série
grasse et $12,9$ pour les composés contenant un noyau benzénique. Les
quantités m, n, p, q et r représentent les nombres d'atomes du composé

$$C^m H^n O'^p O''^q O'''^r.$$

Les lettres O', O'' et O''' désignent l'atome d'oxygène dans l'hydroxyle,
dans le groupe carbonyle et dans le groupe d'éther oxyde.

	$\frac{M}{d}$ Obs.	Calc.
$C^3 H^7 . C^5 H^{11}$	161	161
$C^4 H^9 . C^5 H^{11}$	171	174
$(C^5 H^{11})^2$	194	193
$CH^3 CO CH(C^5 H^{11}) CO OC^2 H^5$	211	211
$CH^2 . C^5 H^{11} . CO OH$	142	143
$CH^2 . C^5 H^{11} . CO OCH^3$	164	164
$CH^2 . C^5 H^{11} . CO OC^2 H^5$	183	181
$CH^3 . CO . CH^2 . C^5 H^{11}$	157	158
$CH^3 . CH OH . CH^2 . C^5 H^{11}$	159	162
$C^6 H^5 . O C^5 H^{11}$	176	178
$C^6 H^4 (CH^3) O C^5 H^{11}$ (para)	190	188
$C^6 H^4 (CH^3) O C^5 H^{11}$ (ortho)	181	188
$C^6 H^4 (CH^3) O C^5 H^{11}$ (méta)	185	188
$C^6 H^3 \diagup CH^3 \diagdown C^3 H^7 \diagdown O C^5 H^{11}$ (ortho)	232	233
$C^6 H^3 \diagup CH^3 \diagdown C^3 H^7 \diagdown O C^5 H^{11}$ (méta)	232	233

L'accord très satisfaisant entre les valeurs calculées et observées démontre que tous les liquides que j'ai étudiés sont formés de molécules simples. Le dérivé amylique de l'orthocrésol laisse seul quelques doutes à cet égard.

CHAPITRE I.

HYDROCARBURES AMYLIQUES.

L'étude des hydrocarbures actifs contenant le radical amyle a fait l'objet des recherches de Wurtz [1] et plus récemment de M. Le Bel [2] et de M. Just [3].

L'iodure d'amyle que j'ai employé pour ces recherches provenait d'une préparation dans laquelle on avait mis en œuvre 400^{gr} d'alcool amylique actif, $[\alpha]_D = -4,40$; c'est le même alcool qui a été employé par MM. Guye et Chavanne; il est un peu moins actif que celui employé par M. Le Bel pour préparer le méthylamyle et plus actif que celui employé par M. Just pour préparer l'éthylamyle et le diamyle. Le produit purifié par l'acide sulfurique distillait entre $139°$ et $144°$ (H moyenne $= 727$); il avait donné au polarimètre les résultats suivants :

$$\alpha_D = +5,58 \quad \text{pour } L = 1^{dm}, \quad d = 1,48,$$

d'où

$$[\alpha]_D = +3,77;$$

ce n'est donc pas un produit actif chimiquement pur si on le compare à l'iodure de M. Le Bel ($[\alpha]_D = +5,37$), mais les observations polarimétriques n'en conservent pas moins leur valeur relative, point essentiel pour le but poursuivi dans ces recherches.

---

[1] *Ann. de Chimie et de Physique,* 3ᵉ série, t. XLIV, p. 275.
[2] *Bull. Soc. Chim.,* 2ᵉ série, t. XXV, p. 505.
[3] *Lieb. Ann. Ch.,* t. CCXX, p. 157.

La méthode adoptée pour transformer l'iodure d'amyle
en hydrocarbures (éthylamyle, propylamyle, butylamyle)
est celle indiquée par Wurtz. Cette méthode consiste à
chauffer l'iodure d'amyle avec un iodure alcoolique
(IC^2H^5, IC^3H^7, IC^4H^9) en présence de sodium. Dans un
ballon muni d'un réfrigérant ascendant, on introduit les
corps en proportions moléculaires (par exemple, 1^{mol}
IC^5H^{11}, 1^{mol} IC^2H^5, $2^{at}Na$); on laisse d'abord réagir à
froid : au début le sodium se recouvre d'un dépôt bleu
caractéristique, qui disparaît lorsqu'on continue à chauffer
à l'ébullition jusqu'à transformation totale de sodium en
iodure; cette opération exige plusieurs jours.

Les produits de la réaction sont ensuite distillés et fractionnés au moyen d'un tube Hempel-Monnet. Malgré tous
les soins apportés à cette dernière opération, il est presque
impossible d'obtenir un hydrocarbure exempt d'iodure,
en raison du peu de différence entre les points d'ébullition
des corps à séparer. Voici en effet ces températures d'ébullition, d'après le Dictionnaire de Beilstein (¹) :

Éthylamyle.........	90°	Iodure d'éthyle.....		72°
Propylamyle........	inconnue	»	de propyle...	102
Isobutylamyle.......	132	»	d'isobutyle..	120
Diamyle............	159	»	d'amyle.....	144

Pour enlever les dernières traces d'iodure, Wurtz
chauffait encore en tube scellé l'hydrocarbure avec du
sodium métallique. Dans le cas particulier, on n'a pas osé
pratiquer ce mode de purification qui devait produire un
commencement de racémisation des hydrocarbures actifs,
ainsi qu'on a pu le vérifier.

C'est pourquoi ces derniers ont tous une densité un peu
trop forte qui accuse la présence d'une certaine quantité
d'iodure alcoolique; on a du reste fondé sur ce fait un

(¹) BEILSTEIN, *Handbuch*, 3ᵉ édition, t. I.

mode de correction des valeurs de $[\alpha]_D$, qui sera indiqué plus loin.

$$\text{Éthylamyle} \quad \begin{array}{l} CH^3 \\ \\ C^2H^5 \end{array}\!\!\bigg\rangle CH.CH^2.CH^2.CH^3.$$

La préparation a été effectuée sur 70^{gr} d'iodure d'amyle actif. On a chauffé pendant trois jours au bain d'huile à $120°$; les produits qui ont été ensuite distillés étaient un peu rougeâtres; ils ont été fractionnés cinq fois.

On a obtenu enfin 9^{gr} environ d'éthylamyle passant entre $80°$-$88°$. Une partie de l'iodure d'amyle se transforme en diamyle, ce qui explique la petitesse du rendement.

Mesures du pouvoir rotatoire ([1]).

A $17°$............ $\alpha_D = +2,02$ pour $L = 0^{dm},5$
A $60°$............ $\alpha_D = +1,81$ »
(3 observ. seulement).

$$d_{10} = 0,7806, \qquad d_{58} = 0,7313.$$

Avec ces éléments on calcule

$$d_{17} = 0,773, \qquad d_{60} = 0,729.$$

A $17°$............ $[\alpha]_D = \dfrac{+2,02}{0,5 \times 0,773} = +5,22$

A $60°$............ $[\alpha]_D = \dfrac{+1,83}{0,5 \times 0,729} = +5,03$

$$\text{Propylamyle} \quad \begin{array}{l} CH^3 \\ \\ C^2H^5 \end{array}\!\!\bigg\rangle CH.CH^2.CH^2.CH^2.CH^3.$$

La préparation a été effectuée sur 86^{gr} d'iodure d'amyle actif. On a chauffé pendant cinq jours au bain d'huile

---

([1]) Sauf indication contraire, les mesures de pouvoir rotatoire sont des moyennes déduites d'une dizaine d'observations.

à 135°; les produits d'une première distillation, faite au
bain de sable, ont été ensuite fractionnés cinq fois. On a
obtenu 6^{gr} environ d'un liquide passant entre 110° et 120°.
Cet hydrocarbure n'a pas encore été décrit.

Mesures du pouvoir rotatoire.

$$A\ 16°\ \dots\dots\dots\dots\quad \alpha_D = +\,2,22 \text{ pour } L = 0^{m},9$$
$$A\ 54°\ \dots\dots\dots\dots\quad \alpha_D = +\,2,07 \qquad\qquad 》$$

$$d_{16} = 0,7075, \qquad d_{70} = 0,6682.$$

Avec ces éléments on calcule

$$d_{16} = 0,7075, \qquad d_{54} = 0,680.$$

$$A\ 16°\ \dots\dots\dots\quad [\alpha]_D = \frac{+\,2,22}{0,5 \times 0,7075} = +\,6,28$$
$$A\ 54°\ \dots\dots\dots\quad [\alpha]_D = \frac{+\,2,07}{0,5 \times 0,680} = +\,6,09$$

Mesure de la réfraction moléculaire.

$$n_D = 1,4018 \text{ à } 18°,3, \qquad d_{18,3} = 0,7052 \text{ (calc.)}.$$

	Observé.	Calculé.
MR.	38,95	38,93

$$\textit{Isobutylamyle} \quad \begin{matrix} CH^3 \\ C^2H^5 \end{matrix} \Big\rangle CH.CH^2.CH^2.CH \Big\langle \begin{matrix} CH^3 \\ CH^3 \end{matrix} .$$

Préparation effectuée sur 83^{gr} d'iodure d'amyle actif.
On a chauffé pendant quatre jours au bain d'huile à 140°.
La première distillation a été faite au bain de sable; puis,
après quatre fractionnements, on a recueilli 7^{gr} d'un liquide passant entre 128° et 134°.

Mesures du pouvoir rotatoire.

$$\text{A } 20^\circ \ldots\ldots\ldots\ldots \quad \alpha_D = + 2,05 \text{ pour } L = 0^{dm},5$$
$$\text{A } 51^\circ \ldots\ldots\ldots\ldots \quad \alpha_D = + 1,91 \qquad \text{»}$$

$$d_{16,5} = 0,8813, \qquad d_{65} = 0,8373.$$

Avec ces éléments on calcule

$$d_{20} = 0,7266, \qquad d_{51} = 0,7030.$$

$$\text{A } 20^\circ \ldots\ldots\ldots\ldots \quad [\alpha]_D = \frac{+ 2,05}{0,5 \times 0,7266} = + 5,64$$

$$\text{A } 51^\circ \ldots\ldots\ldots\ldots \quad [\alpha]_D = \frac{+ 1,91}{0,5 \times 0,7030} = + 5,43$$

Mesure de la réfraction moléculaire.

$$n_D = 1,4072 \text{ à } 18^\circ, \qquad d_{18} = 0,7281 \text{ (calc.)},$$

	Observé.	Calculé.
MR.	43,29	43,53

$$Diamyle \quad \begin{matrix} CH^3 \\ C^2H^5 \end{matrix} \Big\rangle CH - CH^2 - CH^2 - CH \Big\langle \begin{matrix} C^2H^5 \\ CH^3 \end{matrix} .$$

Premier échantillon. — La préparation a été effectuée sur 70^{gr} d'iodure d'amyle. On a chauffé pendant six jours. Les produits de la distillation au bain de sable ont été fractionnés quatre fois et l'on a recueilli 15^{gr} passant entre 153°-157°.

Mesures du pouvoir rotatoire.

$$\text{A } 21^\circ \ldots\ldots\ldots\ldots \quad \alpha_D = + 9,32 \text{ pour } L = 1^{dm},0$$
$$\text{A } 78^\circ \ldots\ldots\ldots\ldots \quad \alpha_D = + 4,17 \text{ pour } L = 0^{dm},5$$

$$d_{21} = 0,7301, \qquad d_{68} = 0,7049.$$

Avec ces éléments on calcule

$$d_{78} = 0,691.$$

$$\text{A } 21^\circ \dots \dots \dots \quad [\alpha]_D = \frac{+9,32}{1 \times 0,7301} = +12,08$$

$$\text{A } 78^\circ \dots \dots \dots \quad [\alpha]_D = \frac{+4,17}{0,5 \times 0,691} = +12,07$$

Mesure de la réfraction moléculaire.

$$n_D = 1,4149 \text{ à } 17^\circ,2, \qquad d_{17,2} = 0,7281 \text{ (calc.).}$$

	Observé.	Calculé.
MR	48,82	48,13

Deuxième échantillon. — Dans les préparations précédentes on a toujours recueilli une partie liquide passant au-dessus de 145°. Ces divers liquides ont été réunis et soumis à des distillations fractionnées, ce qui a permis d'isoler un second échantillon de diamyle bouillant entre 154°-156°.

Mesures du pouvoir rotatoire.

$$\text{A } 17^\circ \dots \dots \dots \dots \quad \alpha_D = +4,42 \text{ pour } L = 0^{dm},5$$

$$d_{16,5} = 0,7404.$$

Avec ces éléments on calcule

$$d_{17} = 0,740,$$

$$\text{A } 17^\circ \dots \dots \dots \quad [\alpha]_D = \frac{+4,42}{0,5 \times 0,740} = +11,95.$$

Mesure de la réfraction moléculaire.

$$n_D = 1,4153 \text{ à } 17^\circ,8, \qquad d_{17,8} = 0,7394 \text{ (calc.).}$$

	Observé.	Calculé.
MR	48,11	48,13

D'après les résultats donnés par la mesure de la réfraction moléculaire, ce deuxième échantillon est un peu plus pur que le premier. Je regarde donc la valeur

$$[\alpha]_D = + 11,95$$

comme plus exacte.

Valeurs corrigées du pouvoir rotatoire spécifique.

Comme je l'ai indiqué plus haut, les densités de plusieurs hydrocarbures sont un peu plus fortes que celles indiquées par Wurtz et Schorlemmer, ce qui indique la présence d'un peu d'iodure alcoolique. Ces densités ont donné lieu aux calculs de correction suivants :

I. — ÉTHYLAMYLE.

On a trouvé, pour cet hydrocarbure, $d_{17} = 0,7734$. D'après Just ([1]), on a $d_{20} = 0,6985$. En supposant le même coefficient de dilatation que celui qui a été trouvé plus haut, on déduit de ce chiffre $d_{17} = 0,6926$, soit en nombre rond 0,693. La densité de l'iodure d'éthyle à 17° est 1,941.

Avec ces données, on calcule que le produit sur lequel on a opéré contient, sur 100^{cc}, à 17°,

$$6^{cc},45\ I C^2 H^5 \dotfill 12,5^{gr}$$
$$93^{cc},55\ C^2 H^5.C^5 H^{11} \dotfill 64,9$$
$$\overline{77,4}$$

Au lieu d'un hydrocarbure pur, on s'est donc servi d'une solution de 64^{gr},9 d'hydrocarbure dilué au volume de

$$\frac{77,4}{0,773} = 100^{cc},1.$$

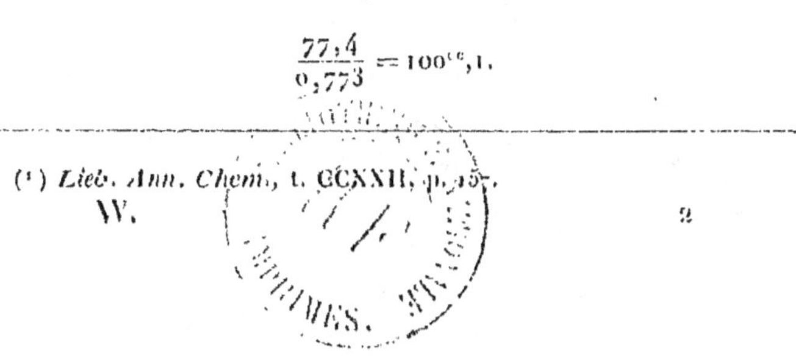

([1]) *Lieb. Ann. Chem.*, t. CCXXII, p. 15.

Appliquant la formule relative au pouvoir rotatoire des corps en solution, on trouve

$$[\alpha]_D = \frac{+ 2,02 \times 100,1}{0,5 \times 64,9} = + 6,23.$$

En prenant comme densité de l'éthylamyle celle trouvée par Schorlemmer ([1]), soit $d_{17,5} = 0,6819$, on trouverait, tous calculs faits,

$$[\alpha]_D = + 6,43.$$

Avec la densité indiquée par Wurtz ([2]), soit $d_0 = 0,7069$, on trouverait, tous calculs faits,

$$[\alpha]_D = + 6,29.$$

Ces trois valeurs $(+ 6,23,\ + 6,29,\ + 6,43)$ conduisent à une valeur moyenne $= + 6,32$.

II. — PROPYLAMYLE.

Cet hydrocarbure n'ayant pas encore été décrit, on a adopté comme valeur exacte de la densité le nombre moyen entre les densités de l'éthylamyle et de l'isobutylamyle, soit

$$d_{17,5} = 0,682 \text{ pour l'éthylamyle,}$$
$$d_{17} = 0,711 \text{ pour l'isobutylamyle.}$$

ce qui donne $d_{17} = 0,696$ pour le propylamyle, nombre que l'on peut prendre tel quel pour d_{16}.

Pour l'iodure de propyle, on a pris $d_{16} = 1,747$; tous calculs faits, on trouve

$$[\alpha]_D = + 6,44.$$

([1]) BEILSTEIN, *Handb. d. org. Chem.*, 3ᵉ édition, t. I, p. 104.
([2]) *Ann. Chim. Phys.*, 3ᵉ série, t. XLIV, p. 275.

III. — ISOBUTYLAMYLE.

La densité, d'après Wurtz ([1]), est 0,7274. Avec nos coefficients, on calcule $d_{20} = 0,7095$, soit en nombre rond 0,710. Pour l'iodure d'isobutyle à 20°, en a $d_{20} = 1,608$ (Beilstein) ([2]). Tous calculs faits, on trouve

$$[\alpha]_D = -5,88.$$

IV. — DIAMYLE.

La densité du diamyle était très voisine de celle indiquée par divers savants [0,730 à 21° au lieu de 0,7463 à 22° (Just); cette densité un peu forte paraît indiquer la présence d'un peu d'iodure d'amyle dans le produit de M. Just]; il n'y avait donc pas lieu de faire la correction.

Valeurs corrigées de $[\alpha]_D$ aux températures élevées.

Les valeurs corrigées de $[\alpha]_D$ aux températures élevées ont été obtenues en multipliant les valeurs trouvées par le rapport de la valeur corrigée à la valeur trouvée à basse température.

I. Éthylamyle

$[\alpha]_D$ à 60°, corrigé .... $\dfrac{+5,03 \times 6,32}{5,22} = +6,09$

II. Propylamyle

$[\alpha]_D$ à 54°, corrigé .... $\dfrac{+6,09 \times 6,44}{6,28} = +6,25$

III. Isobutylamyle

$[\alpha]_D$ à 51°, corrigé .... $\dfrac{+5,43 \times 5,88}{5,64} = +5,66$

([1]) BEILSTEIN, *Handb. d. org. Chem.*, 3ᵉ édition, t. I, p. 104.
([2]) BEILSTEIN, *Handb. d. org. Chem.*, 3ᵉ édition, t. I.

L'ensemble des valeurs observées et corrigées se trouve
réuni dans les deux Tableaux suivants :

TABLEAU I. — *Pouvoirs rotatoires à la température
ordinaire.*

	Valeurs		
	observées. $[\alpha]_D$.	corrigées. $[a]_D$.	Tempé-ratures.
Éthylamyle ...	+ 5,22	+6,23 à +6,43	17°
Propylamyle..	+ 6,28	+6,44	16
Isobutylamyle.	+ 5,64	+5,88	20
Diamyle I	+12,08		21
Diamyle II....	+11,95		17

TABLEAU II. — *Pouvoirs rotatoires à une température
élevée.*

	Valeurs		
	observées. $[\alpha]_D$.	corrigées. $[\alpha]_D$.	Tempé-ratures.
Éthylamyle	+ 5,03	+6,09	60°
Propylamyle	+ 6,09	+6,25	54
Isobutylamyle........	+ 5,43	+5,66	57
Diamyle I...........	+12,06		78

On voit par ces observations que le pouvoir rotatoire est
peu altéré par une élévation de température ; dans ces
conditions, il tend à diminuer.

Voici maintenant les remarques générales que l'on peut
formuler sur les résultats de ces recherches entreprises
dans le but de vérifier quelques-unes des conséquences de
la formule du produit d'asymétrie.

On constatera en premier lieu que tous les hydrocarbures étudiés sont dextrogyres, ainsi qu'on pouvait le
prévoir.

En second lieu, les pouvoirs rotatoires des hydrocarbures possédant un seul carbone asymétrique

$$\text{Éthylamyle} \dots \quad [\alpha]_D = +6,23 \text{ à } +6,43$$
$$\text{Propylamyle} \dots \quad = +6,44$$
$$\text{Isobutylamyle} \dots \quad = +5,88$$

passent par un maximum. Ce maximum ne doit cependant être affirmé qu'avec réserve, car, d'une part, les valeurs de $[\alpha]_D$ sont relativement très voisines les unes des autres, et les différences, surtout entre les deux premières valeurs, sont à peu près de l'ordre des erreurs d'expérience; d'autre part, le terme isobutylamyle n'est pas strictement comparable aux deux autres, chez lesquels les radicaux éthyle et propyle appartiennent à la série normale. Pour ces raisons, la position exacte du maximum reste indécise, mais son existence ne saurait être mise en doute; elle résulte, dans tous les cas, de la presque égalité des valeurs de $[\alpha]_D$, fait qui caractérise le passage par le maximum [*voir*, par exemple, la série des éthers-sels de l'alcool amylique de MM. Guye et Chavanne ([1]) et celle des éthers-sels de l'acide glycérique de MM. Frankland et Mac Gregor ([2])].

Si l'on calcule les valeurs du produit d'asymétrie par la formule simplifiée ([3])

$$P = \frac{(a-b)(a-c)(a-d)(b-c)(b-d)(c-d)}{(a+b+c+d)^6}$$

pour les premiers termes de cette série, on trouve

	$P \times 10^8$.
Éthylamyle	195
Propylamyle	321
Butylamyle	371
Pentylamyle (diamyle à un seul radical actif).	374
Hexylamyle	355

([1]) Guye et Chavanne, *Comptes rendus*, 19 nov. 1894.
([2]) Frankland et Mac Gregor, *Journ. of Chem. Soc.*, 1894.
([3]) Guye, *Comptes rendus*, t. CXVI, p. 1378.

C'est le pentylamyle qui correspond au maximum; on constate, en outre, que les valeurs de P sont très rapprochées les unes des autres pour les trois termes consécutifs de la série, dans le voisinage du maximum (butylamyle, pentylamyle, hexylamyle).

En troisième lieu, on remarquera que le pouvoir rotatoire du diamyle est environ le double de celui des termes qui le précèdent. Ce résultat est conforme aux idées développées par MM. Guye et Gautier (¹), d'après lesquels le pouvoir rotatoire d'un corps renfermant deux carbones asymétriques identiques, tel que le diamyle, doit être égal au double du pouvoir rotatoire d'un diamyle contenant un radical amyle actif et un radical amyle inactif.

____

(¹) *Arch. des Sciences phys. et nat.*, t. XX, p. 172, 1893; *Comptes rendus,* 29 octobre 1894.

CHAPITRE II.

SUR L'ACIDE AMYLACÉTIQUE ACTIF ET QUELQUES-UNS DE SES DÉRIVÉS.

L'acide amylacétique a été déjà préparé par MM. Paal et Hoffmann ([1]), qui l'ont obtenu au moyen du malonate d'éthyle et l'ont décrit comme un corps inactif. J'ai préparé cet acide par la méthode de MM. Frankland et Duppa ([2]), en faisant d'abord réagir l'iodure d'amyle sur le composé sodique de l'éther acétylacétique et en saponifiant ensuite cet éther.

I. — ÉTHER ÉTHYLIQUE DE L'ACIDE AMYLACÉTYLACÉTIQUE
$$CH^3.CO.CH(C^5H^{11}).CO.OC^2H^5.$$

La préparation a été effectuée en faisant réagir à chaud, sur 150^{gr} d'éther acétylacétique, 80^{gr} d'éthylate de sodium et 235^{gr} d'iodure d'amyle (soit 1 molécule-gramme).

On a chauffé ensuite au bain-marie pour enlever l'alcool en excès, puis au bain d'huile jusqu'à réaction neutre. Après refroidissement, on ajoute de l'eau. L'éther formé se sépare et, après avoir été séché sur du sulfate de soude anhydre, il a été fractionné.

Rendement : 53^{gr} passant à 223°-233°.

On sait que ces éthers subissent toujours une certaine décomposition lorsqu'on les distille, mais celle-ci paraît

---

([1]) *Chem. Ber.*, t. XXIII, p. 1499.
([2]) *Ann. Chem. Pharm.*, t. CXXXVIII, p. 388.

sans grande influence sur le pouvoir rotatoire de l'acide amylacétique obtenu par saponification.

Mesures du pouvoir rotatoire.

Première fraction :

$$L = 2^{dm}.$$

$P.E = 190\text{-}223^{\circ},\qquad d_{22} = 0,9466,\qquad \alpha_D = 14,01,\qquad [\alpha]_D = +7,41.$

Deuxième fraction :

$$223\text{-}233,\qquad d_{21} = 0,9324,\qquad 16,65,\qquad +8,93.$$

Troisième fraction :

$$233\text{-}250,\qquad d_{21} = 0,9371,\qquad 12,73.\qquad +6,79.$$

$$\text{Valeur moyenne } [\alpha]_D = +7,71.$$

L'iodure d'amyle employé avait un pouvoir rotatoire

$$[\alpha]_D = +3,69 \text{ à } 20^{\circ};\qquad d_{20} = 1,47.$$

II. — Acide amylacétique $CH^2.C^5H^{11}.COOH$.

On a saponifié chacune des trois fractions ci-dessus en opérant de la façon suivante : pour 40^{gr} d'éther, on prépare une pâte en délayant 80^{gr} de potasse à l'alcool avec 12^{gr} d'eau et 12^{gr} d'alcool. On verse l'éther sur cette pâte. Ensuite on chauffe pendant plusieurs heures avec précaution, et, après refroidissement, on verse le tout dans un grand excès d'eau. On ajoute ensuite de l'éther ordinaire ; la couche éthérée contient une cétone ainsi qu'un produit qui sera mentionné plus loin ; la couche alcaline contient l'acide. On concentre cette dernière au volume de $100^{cc}\text{-}200^{cc}$, et l'on ajoute lentement 140^{gr} d'acide sulfurique dilué dans son volume d'eau. L'acide surnage. On le sépare et on le distille.

Les trois fractions ci-dessus ont donné ensemble 59^{gr}

de cétone brute et 15^{gr} d'un échantillon moyen d'acide distillant environ 3° plus haut que le naphtalène (¹); son point d'ébullition est donc de 221° sous la pression $H = 760$.

Mesures du pouvoir rotatoire.

$$d_{20} = 0,9149\ (²);\qquad z_D = +\,3,86 \text{ pour } L = 0^{dm},5 \text{ à } 20°;$$
$$d_{54} = 0,8902;\qquad z_D = +\,3,40 \qquad » \qquad \text{à } 54°;$$

d'où l'on déduit

$$[z]_D = +\,8,44 \text{ à } 20°\qquad et\qquad [\alpha]_D = +\,7,64 \text{ à } 54°.$$

M. Goudet a bien voulu répéter aussi pour moi la préparation de l'acide amylacétique au moyen du malonate d'éthyle, et il a trouvé

$$d = 0,888,\qquad z_D = +\,0,79 \text{ pour } L = 0^{dm},1,$$

d'où

$$[z]_D = +\,8,9.$$

L'acide amylacétique est trop peu soluble dans l'eau, pour que son pouvoir rotatoire soit mesurable en dissolution aqueuse.

III. — ÉTHERS MÉTHYLIQUE ET ÉTHYLIQUE
DE L'ACIDE AMYLACÉTIQUE.

Ces éthers ont été préparés en chauffant directement un mélange dans les proportions de 1 molécule-gramme d'acide, 3 molécules-grammes d'alcool et 3 gouttes d'acide sulfurique concentré. On reprend le produit par une solution de carbonate de soude jusqu'à réaction alcaline persistante; on sépare, on lave avec de l'eau, on dessèche

---

(¹) MM. Paal et Hoffmann indiquent 208-210°. C'est à peu près ce que j'ai observé (212-214°), en négligeant la correction pour la partie du thermomètre non plongée dans la vapeur.

(²) D'après MM. Paal et Hoffmann, $d_{12} = 0,9122$.

sur du carbonate de potasse sec, et l'on fractionne. Dans les deux cas, on a opéré avec l'alcool. absolu.

Éther méthylique $CH^2.C^5H^{11}.CO.OCH^3$.

8^{gr} d'acide amylacétique ont donné un rendement de 5^{gr} d'éther passant à 158°-164° ([1]).

Mesures du pouvoir rotatoire.

$$d_{25} = 0,8764 ; \qquad \alpha_D = +2,94 \text{ pour } L = 0^{dm},5 \text{ à } 25° ;$$
$$d_{61} = 0,8449 ; \qquad \alpha_D = +2,47 \qquad \text{»} \qquad \text{à } 75°.$$

On calcule
$$d_{75} = 0,8327,$$
d'où
$$[\alpha]_D = +6,71 \text{ à } 25° \qquad et \qquad [\alpha]_D = +5,92 \text{ à } 75°.$$

Mesure de la réfraction moléculaire.

$$n_D = 1,4147 \text{ à } 16°,6 ; \qquad d_{16,6} = 0,8855 \text{ (calc.)}.$$

	Observé.	Calculé.
MR...............	40,69	40,79

Éther éthylique $CH^2.C^5H^{11}.CO.OC^2H^5$.

15^{gr} d'acide amylacétique ont donné 8^{gr} d'éther passant à 173°-179° ([2]).

Mesures du pouvoir rotatoire.

$$d_{21} = 0,8644 ; \qquad \alpha_D = +2,88 \text{ pour } L = 0^{dm},5 \text{ à } 21° ;$$
$$d_{72} = 0,8250 ; \qquad \alpha_D = +2,42 \qquad \text{»} \qquad \text{à } 72° ;$$

d'où
$$[\alpha]_D = +6,66 \text{ à } 21° \qquad et \qquad [\alpha]_D = +5,87 \text{ à } 72°.$$

---

[1] Pression moyenne à Genève, $H = 727$.
[2] *Ibid.*

IV. — MÉTHYLHEXYLCÉTONE $CH^3.CO.CH^2.C^5H^{11}$.

Lorsqu'on a saponifié l'éther amylacétylacétique, on a obtenu 59^{gr} d'un produit insoluble dans la potasse, et que l'on a pu facilement isoler par extraction à l'éther. Ce dernier, soumis au fractionnement, donne :

1° De la méthylhexylcétone (27^{gr}) passant à $163°$-$174°$ (la plus grande partie à $167°$-$168°$) ;

2° Un liquide très sirupeux passant au-dessus de $300°$.

Cette dernière portion a été encore fractionnée, et l'on a recueilli deux parties, l'une distillant à $310°$-$330°$, l'autre à $330°$-370. Ces corps n'ont pas été étudiés d'une façon complète. Ils sont tous deux actifs. Les pouvoirs rotatoires, mesurés sur des solutions benzéniques, sont

$$[\alpha]_D = + 8,29$$

pour le premier, et

$$[\alpha]_D = + 9,03$$

pour le second.

La fraction $330°$-$370°$, analysée, a à peu près la composition d'un corps répondant à la formule

$$\begin{matrix} CH^3 \\ C^5H^{11} \end{matrix} \Big\rangle C = CH - CO - C^5H^{11},$$

homologue de l'oxyde de mésityle.

	Trouvé.	Théorie pour $C^{14}H^{26}O$.
C	79,46	80,00
H	12,02	12,38

Cette interprétation paraît justifiée par le fait que l'ébullition prolongée avec l'acide sulfurique très étendu décompose partiellement ce produit en régénérant une petite quantité de méthylhexylcétone ; on sait que l'oxyde de mésityle donne, dans les mêmes conditions, de l'acétone. Cependant cette manière de voir demande confirmation.

Pouvoir rotatoire de la méthylhexylcétone.

$$d_{19} = 0,8174 ; \qquad \alpha_{\scriptscriptstyle D} = +\, 2,07 \text{ pour } L = 0^{dm},5 \text{ à } 20° ;$$
$$d_{57} = 0,7893 ; \qquad \alpha_{\scriptscriptstyle D} = +\, 1,74 \qquad » \qquad \text{à } 57° ;$$

d'où

$$[\alpha]_{\scriptscriptstyle D} = +\, 5,06 \text{ à } 20° \qquad \text{et} \qquad [\alpha]_{\scriptscriptstyle D} = +\, 4,41 \text{ à } 57°.$$

V. — ALCOOL SECONDAIRE : MÉTHYLHEXYLCARBINOL
$$CH^3.CHOH.CH^2.C^5H^{11}.$$

On dissout 27^{gr} d'acétone dans 230^{gr} d'alcool, et l'on ajoute peu à peu 29^{gr} de sodium, en élevant un peu la température à la fin de la réaction et en ayant soin d'agiter constamment, tant que dure la réaction. Lorsque le sodium est complètement dissous, on entraîne l'alcool par un courant de vapeur d'eau ; le liquide distillé est additionné de sel marin pour faciliter la séparation de l'alcool qui surnage. Celui-ci est ensuite fractionné, et l'on obtient de premier jet un alcool (13^{gr}) passant à 167°-174°, la plus grande partie ayant été recueillie entre 167° et 169°.

Mesure du pouvoir rotatoire.

$$d_{21} = 0,8174 ; \qquad \alpha_{\scriptscriptstyle D} = +\, 3,84 \text{ pour } L = 1^{dm} \text{ à } 24° ;$$

d'où

$$[\alpha]_{\scriptscriptstyle D} = +\, 4,69 \text{ à } 24°.$$

Mesure de la réfraction moléculaire.

$$n_{\scriptscriptstyle D} = 1,4272 \text{ à } 16°,1 ; \qquad d_{16,1} = 0,8152 \text{ (calc.).}$$

	Observé.	Calculé.
MR	40,97	40,45

Bien que le point d'ébullition et la densité de cet alcool

diffèrent très peu des valeurs trouvées pour l'acétone, les pouvoirs rotatoires permettent cependant de distinguer nettement les deux corps.

La presque identité des points d'ébullition et des densités n'est, du reste, pas un fait nouveau. Ainsi l'on trouve, pour le méthylisoamylcarbinol (¹) et l'acétone qui en dérive :

	Méthyliso- amylcarbinol.	Méthyliso- amylcétone.
Densités............	0,8185	0,8175
Points d'ébullition..	148°–150°	142°–144°

Conclusions. — Le principal résultat de ces expériences est relatif aux éthers de l'acide amylacétique. Si l'on calcule les valeurs du produit d'asymétrie des éthers méthylique et éthylique, on trouve des nombres décroissants; il en est de même des pouvoirs rotatoires :

	$[\alpha]_D$.	$P \times 10^6$.
Amylacétate de méthyle...	+6,71	375
Amylacétate d'éthyle.....	+6,66	343

On ne peut donc rencontrer, dans cette série, un éther à pouvoir rotatoire maximum ; le premier terme est déjà sur la branche descendante de la courbe.

On remarquera aussi que l'acétone et l'alcool, bien que, ayant à peu près le même poids moléculaire (la différence $H^2 = 2$), ont cependant des pouvoirs rotatoires différents, + 5,06 pour le premier composé, et + 4,69 pour le second.

(¹) BEILSTEIN, *Handbuch,* 2ᵉ édit., t. I, p. 249 et 814.

CHAPITRE III.

OXYDES D'AMYLE A RADICAUX AROMATIQUES.

L'iodure d'amyle employé pour ces opérations donnait une déviation polarimétrique $\alpha_D = + 5,30$, pour $L = 1^{dm}$. La méthode adoptée pour transformer le phénol ou ses homologues en éthers amyliques est la suivante[1] : On prépare d'abord le sel de sodium du phénol en le neutralisant par la soude caustique jusqu'à réaction alcaline, ou bien en y dissolvant, en quantité calculée, du sodium métallique. Dans le premier cas, on évapore dans le vide pour enlever toute l'eau, de façon à éviter la transformation ultérieure de l'iodure d'amyle en alcool amylique. Ensuite, on ajoute l'iodure d'amyle en quantité calculée d'après les proportions moléculaires. Il faut chauffer à 145° au bain d'huile pendant plusieurs heures. La réaction est terminée lorsqu'il n'y a plus de produits distillant à cette température, tous les éthers-oxydes ayant un point d'ébullition beaucoup plus élevé. On reprend les produits de la réaction par l'eau légèrement alcaline. Deux couches se forment; on les sépare et, après avoir séché l'éther-oxyde sur du carbonate de potasse calciné, on le soumet à plusieurs distillations fractionnées.

---

[1] Il va de soi que je ne pouvais employer les procédés qui consistent à faire réagir en tubes scellés les combinaisons sodiques des phénols et l'iodure d'amyle; cette manière d'opérer pouvait provoquer une racémisation partielle.

I. — Oxyde de phényle et d'amyle $C^6H^5 - O - C^5H^{11}$.

La préparation a été effectuée au moyen de 25^{gr} de phénol. Le sel de sodium a été préparé par neutralisation à la soude. On a chauffé pendant sept heures avec l'iodure d'amyle. Les produits qui ont été ensuite distillés étaient légèrement jaunâtres. Ils ont été fractionnés trois fois. On a recueilli environ 6^{gr} passant entre $212°$ et $227°$.

Mesure du pouvoir rotatoire.

$$A\ 17°\dots\dots\dots \quad \alpha_D = +1,87 \text{ pour } L = 0^{dm},5$$

$$d_{17} = 0,9331.$$

Avec ces éléments on calcule

$$[\alpha]_D = \frac{+1,87}{0,5 \times 0,9331} = +4,01.$$

Mesure de la réfraction moléculaire.

$$n_D = 1,4985 \text{ à } 17°, \quad d_{17} = 0,9331 \text{ (obs.)}.$$

	Observé.	Calculé.
MR	51,55	51,13

II. — Oxyde de paracrésyle et d'amyle
$C^5H^{11}.O.C^6H^4.CH^3$ (1, 4).

La préparation a été effectuée au moyen de 8^{gr} de para-crésol, 1^{gr} de sodium métallique et 9^{gr} d'iodure d'amyle. La réaction a duré deux heures. Après deux fractionnements, j'ai recueilli environ 4^{gr} d'un produit incolore, passant entre $210°-230°$.

Mesure du pouvoir rotatoire.

$$A\ 19°\dots\dots\dots \quad \alpha_D = +0,40 \text{ pour } L = 0^{dm},1$$

$$d_{17} = 0,9408.$$

Avec ces éléments on calcule

$$d_{19} = 0,9393$$

et

$$[\alpha]_\mathrm{D} = \frac{+\,0,40}{0,1 \times 0,9393} = +\,4,26,$$

Mesure de la réfraction moléculaire.

$n_\mathrm{D} = 1,5069$ à $19°$, $\qquad d_{19} = 0,939$ (calc.).

	Observé.	Calculé.
MR	55,59	55,73

III. — OXYDE D'ORTHOCRÉSYLE ET D'AMYLE
$$C^5 H^{11} - O - C^6 H^4 . CH^3 \ (1,\ 2).$$

La préparation a été effectuée au moyen de 7^{gr} d'orthocrésol, 1^{gr} de sodium métallique et 10^{gr} d'iodure d'amyle. On a chauffé pendant deux heures au bain d'huile à $150°$. Après cinq fractionnements, j'ai recueilli environ 2^{gr} d'un liquide passant entre $210°$-$215°$.

Mesure du pouvoir rotatoire.

À $20°$............ $\alpha_\mathrm{D} = +\,0,38$ pour $L = 0^{dm},1$

$$d_{20} = 0,9839.$$

Avec ces éléments on calcule

$$[\alpha]_\mathrm{D} = \frac{+\,0,38}{0,1 = 0,9839} = +\,3,86.$$

Mesure de la réfraction moléculaire.

$n_\mathrm{D} = 1,5049$ à $20°$, $\qquad d_{20} = 0,984$ (obs.).

	Observé.	Calculé.
MR	54,03	55,73

W. 3

IV. — Oxyde de métacrésyle et d'amyle
$$C^5H^{11} - O - C^6H^4.CH^3 \ (1, 3).$$

La préparation a été effectuée avec 5^{gr} de métacrésol, 1^{gr} de sodium métallique et 9^{gr} d'iodure d'amyle. On a chauffé pendant deux heures au bain d'huile à 150°. Les produits de la distillation ont été fractionnés quatre fois. On a obtenu enfin 3^{gr} d'un liquide passant entre 230° et 240°.

Mesure du pouvoir rotatoire.

$$\text{A } 22° \dots\dots\dots \quad \alpha_D = +0,37 \text{ pour } L = 0^{dm},1$$

$$d_{22} = 0,4922.$$

Avec ces éléments on calcule

$$[\alpha]_D = \frac{+0,37}{0,1 \times 0,4922} = +3,93.$$

Mesure de la réfraction moléculaire.

$$n_D = 1,5049 \text{ à } 19°, \qquad d_{19} = 0,914 \text{ (calc.).}$$

	Observé.	Calculé.
MR $\dots\dots\dots$	55,85	55,73

V. — Oxyde de thymyle et d'amyle

$$\begin{matrix} C^2H^5 \\ {} \\ CH^3 \end{matrix}\!\!\Big\rangle CH.CH^2 - O - C^6H^3\!\!\Big\langle\!\begin{matrix} CH^3 \\ {} \\ C^3H^7 \end{matrix} \quad (1, 4, 5).$$

La préparation a été effectuée avec 5^{gr} de thymol, $0^{gr},7$ de sodium métallique et 6^{gr} d'iodure d'amyle. On a chauffé pendant trois heures au bain d'huile à 150°. Les produits de cette réaction ont été fractionnés trois fois et j'ai recueilli finalement 4^{gr} d'un liquide passant entre 250° et 260°.

Mesure du pouvoir rotatoire.

$$\text{A } 18°\ldots\ldots\ldots\ldots \quad \alpha_{\text{D}} = + 0,39 \text{ pour } L = 0^{dm},1$$

$$d_{18} = 0,934.$$

Avec ces éléments on calcule

$$[\alpha]_{\text{D}} = \frac{+0,39}{0,1 \times 0,934} = +4,17.$$

Mesure de la réfraction moléculaire.

$$n_{\text{D}} = 1,5056 \text{ à } 17°, \qquad d_{17} = 0,935 \text{ (obs.)}.$$

	Observé.	Calculé.
MR	69,96	69,54

VI. — OXYDE DE CARVACRYLE ET D'AMYLE

$$\begin{array}{c} C^2H^5 \\ \diagdown \\ CH^3 \diagup \end{array} CH.CH^2.O.C^6H^3 \begin{array}{c} \diagup CH^3 \\ \diagdown \\ C^3H^7 \end{array} (1,\,4,\,6).$$

La préparation a été effectuée sur 6^{gr} de carvacrol, $0^{gr},7$ de sodium métallique et 6^{gr} d'iodure d'amyle. On a chauffé pendant deux heures au bain d'huile à 150°. Les produits de la réaction ont donné, après cinq fractionnements, environ 3^{gr} d'un liquide passant entre 250° et 270°.

Mesure du pouvoir rotatoire.

$$\text{A } 19°\ldots\ldots\ldots [\alpha]_{\text{D}} = +0,38 \text{ pour } L = 0^{dm},1$$

$$d_{19} = 0,955.$$

Avec ces éléments on calcule

$$[\alpha]_{\text{D}} = \frac{+0,38}{0,1 \times 0,955} = +4,01.$$

Mesure de la réfraction moléculaire.

$$n_\mathrm{D} = 1,5055 \text{ à } 18°, \qquad d_{18} = 0,956 \text{ (calc.).}$$

	Observé.	Calculé.
MR	69,72	69,54

Conclusions.

		$[\alpha]_\mathrm{D}$.	$P \times 10^2$.
Oxyde d'amyle et de phényle		+ 4,01	309
»	benzyle ([1])...	+ 1,83	
»	paracrésyle...	+ 4,26	
»	orthocrésyle..	+ 3,86	278
»	métacrésyle...	+ 3,93	
»	thymyle......	+ 4,17	
»	carvacryle....	+ 4,08	218

Les principales conclusions que l'on peut tirer des mesures consignées dans le Tableau ci-dessus sont les suivantes :

1° Si l'on considère l'oxyde de phénylamyle et celui de benzylamyle, les pouvoirs rotatoires vont en décroissant, de même que les valeurs du produit d'asymétrie; ces résultats sont la confirmation de ceux obtenus avec les éthers de l'acide amylacétique.

2° Les dérivés de l'oxyde de phénylamyle substitués dans le noyau benzénique ne donnent lieu à aucune régularité semblable; on peut remarquer seulement que les substitutions en ortho, méta et para modifient toujours le pouvoir rotatoire d'une façon analogue. C'est le cas des séries suivantes :

Éthers des acides aromatiques ([2]).		$[\alpha]_\mathrm{D}$.
Benzoate d'amyle		+ 4,96
o. Toluate	»	+ 4,55
p. Toluate	»	+ 5,20

([1]) Guye et Chavanne, *Comptes rendus, loc. cit.*
([2]) Guye et Chavanne, Communication inédite.

Éthers des acides carbamiques (¹).			$[\alpha]_D$.
Phénylcarbamate d'amyle...............			+ 4,19
o. Tolylcarbamate	»	....	+ 2,66
m.	»,	»	....	+ 3,85
p.	»	»	....	+ 4,47

Éthers-oxydes amyliques (*voir* plus haut).			$[\alpha]_D$.
Oxyde de phénylamyle			+ 4,01
»	o. crésylamyle...............		+ 3,86
»	m.	»	....	+ 3,93
»	p.	»	....	+ 4,26

Dans chacune de ces séries, le dérivé avec un groupe CH^3 en para est plus actif que le corps non substitué; il semble qu'il y ait là un caractère général dont l'interprétation reste à trouver.

(¹) GOLDSCHMIDT et FREUND, *Zeitschr. f. Phys. Chem.*, t. XIV, p. 394; 1894.

CONCLUSIONS.

En résumé, j'ai successivement abordé, dans ce travail, l'étude des hydrocarbures amyliques actifs, des dérivés de l'acide amylacétique et des éthers oxydes-amyliques à radicaux aromatiques, ce qui m'a permis d'isoler ainsi seize composés amyliques actifs, dont la plupart n'avaient pas encore été décrits.

Les principales propriétés de ces éthers ont été déterminées : densités à deux températures, réfractions moléculaires et pouvoirs rotatoires, souvent à deux températures.

En ce qui concerne les variations du pouvoir rotatoire avec la température, elles sont, il est vrai, peu considérables; elles ne sont cependant jamais négligeables et dépassent, dans tous les cas, les erreurs d'expérience. Pour les composés qui ont été l'objet de semblables mesures, on a toujours constaté que le pouvoir rotatoire diminue par une élévation de température.

Au point de vue théorique, ces recherches ont démontré :

1° Que l'existence d'un maximum de pouvoir rotatoire dans une série homologue de corps actifs ne tient pas exclusivement à une fonction oxygénée, puisqu'on l'observe dans la série des carbures amyliques.

2° Que ce maximum ne se rencontre pas nécessairement dans toute série homologue de corps actifs; qu'il disparaît lorsque le premier terme de la série correspond déjà à la branche descendante des valeurs du produit d'asymétrie; les éthers de l'acide amylacétique nous en fournissent un premier exemple, confirmé par celui des éthers-oxydes de phénylamyle et de benzylamyle.

3° Que les éthers-oxydes amyliques à radicaux aromatiques ont des pouvoirs rotatoires beaucoup plus considérables, à masses égales, que les corps de la même famille à radicaux alcooliques.

4° Que parmi les dérivés amyliques des composés benzéniques, méthylés dans les positions ortho, méta, para, il semble que le corps de la série para soit toujours plus actif que ses deux isomères.

Les recherches consignées dans ce Mémoire ont été effectuées, pour la plus grande partie, au laboratoire de Chimie de l'Université de Genève, dans l'année 1893-94, et achevées à Paris, au laboratoire de Chimie organique de la Sorbonne, dans l'hiver 1894-95.

Qu'il me soit permis d'exprimer ici ma sincère reconnaissance à M. C. Friedel et à M. Ph.-A. Guye, dont les bienveillants et précieux conseils ne m'ont jamais fait défaut au cours de ce travail.

PARIS. — IMPRIMERIE GAUTHIER-VILLARS ET FILS,

22133   Quai des Grands-Augustins, 55.